Rūfus lutulentus

a Latin Novella
by Lance Piantaggini

Poētulus Publishing
magisterp.com

Index Capitulōrum
(et Cētera)

Praefātiō

Rūfus lutulentus is the latest addition to the "Pisoverse" novellas (i.e. *Pīsō Ille Poētulus*, *Rūfus et arma ātra*, and *Agrippīna: māter fortis*) addressing the lack of understandable reading material with sheltered (i.e. limited) vocabulary available to beginning Latin students.

Rūfus et arma ātra, the first novella focusing on Piso's brother, Rufus, featured a surprisingly low 40 unique words (excluding names, different forms of words, and meaning established within the text). It had the lowest unique word count of all published Latin and modern language novellas. That is, until now.

Rūfus lutulentus pushes the limit of sheltering vocabulary by cutting that word count in half, containing just 20 words. It is the most extreme example of sheltering vocabulary to date, which likely ends there. A closer look at obvious cognates, and other likely recognizable derivatives (i.e. *gladiator, māter, mūltī, omnēs*), and frequent conjunctions, prepositions, and adverbs (i.e. *et, iam, in, nōn, sed*) would lower the accountable vocabulary down to 11!

This means that aside from 3 of the most-frequent verbs (i.e. *esse, placēre, velle*), and a handful of less-common words whose meanings are established in the text, the student need only be exposed to *adesse, cotīdiē, domī, diēs, ecce, rīdēre,* and *ubīque* in order to read this novella with ease! This novella has 1200 total words, which is nearly the length of *Rūfus et arma ātra* (1440), yet with a vocabulary half the size.

The *Index Verbōrum* is rather comprehensive, with an English equivalent and example phrases from the text found under each vocabulary word. Meaning is established for every single word form in this novella.

I'd like to thank Mira Canion, Bob Patrick, and John Piazza for their thoughts on *Rūfus lutulentus*. Lauren Aczon's illustrations continue to provide significant comprehension support for the novice reading *Rūfus*. See more of Lauren's artwork on Instagram @leaczon, and/or on her blog, (www.quickeningforce.blogspot.com).

Magister P[iantaggini]
Northampton, MA
September 12, 2017

P.S. Createspace has merged with KDP as of fall 2018, and now doesn't support Latin. It's unclear what this means aside from restrictions being placed on authors of Latin novellas. Email kdp-customersupport1@amazon.com to endorse Latin becoming a supported language. Thank you!

I
ecce, Rūfus!

Rūfus

ecce, Rūfus!

Rūfus est Rōmānus.

Rūfus est lutulentus—fūfae![1]

Rūfus est Rōmānus lutulentus.

---

[1] **lutulentus—fūfae!** *muddy—gross!*

Rūfō placet esse lutulentum, et Rūfō placet esse Rōmānum.

Rūfō placet esse Rōmānum lutulentum.

diēs Lūnae

Rūfus est lutulentus diē Lūnae.

diēs Mārtis

Rūfus est lutulentus diē Mārtis.

diēs Iovis

diēs Mercuriī

Rūfus diēbus Mercuriī et Iovis est lutulentus...

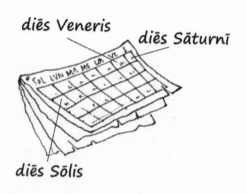

diēs Veneris

diēs Sāturnī

diēs Sōlis

...et diēbus Veneris et Sāturnī et Sōlis est lutulentus!

Rūfus est lutulentus
diēbus omnibus!²

Rūfus est lutulentus cotīdiē!

Rūfō placet esse lutulentum cotīdiē!

---

² **diēbus omnibus** *on all days*

II
Rōmae

Rūfus est Rōmae.[1]

Rūfus vult lutulārī.[2] Rūfus vult lutulārī Rōmae.

---

[1] **Rōmae** *in Rome*
[2] **lutulārī** *to be covered in mud*

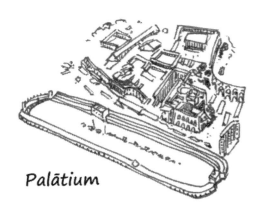

Palātium

Rūfus vult lutulārī in Palātiō.

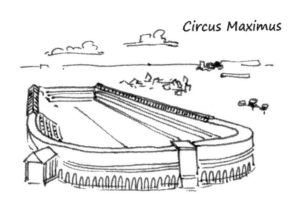

Circus Maximus

Rūfus vult lutulārī in Circō Maximō.

Forum Rōmānum

in Forō Rōmānō, Rūfus vult lutulārī…

Amphitheātrum Flāvium

…et Rūfus vult lutulārī in Amphitheātrō Flāviō.

Panthēum

Rūfus vult lutulārī in Templō Panthēō—*nefās![3] est nefās lutulārī in Templō Panthēō!*

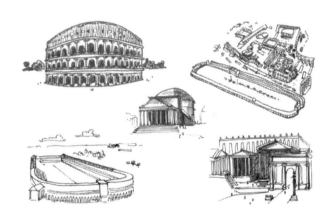

Rūfus vult lutulārī ubīque!

---

[3] **nefās!** *Unspeakable!*

Rūfus vult lutulārī cotīdiē et ubīque Rōmae! fūfae!

III
Līvia

Rūfus est lutulentus cotīdiē, sed lutulentus est domī.

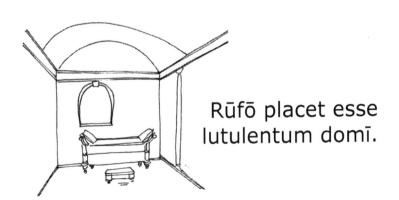

Rūfō placet esse lutulentum domī.

est diēs Lūnae.

Rūfus est lutulentus domī omnibus diēbus Lūnae.[1]

iam, Rūfus est domī. Rūfus vult lutulārī domī.

ecce, Līvia!

---

[1] **omnibus diēbus Lūnae** *on all Mondays*

Līvia est māter Rōmāna. Līvia est māter, sed nōn est māter Rūfī. Līvia est māter Sextī et Drūsillae.

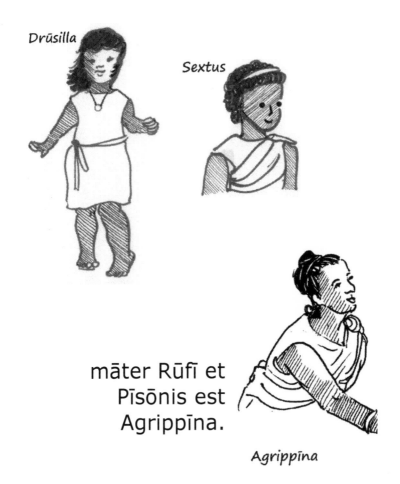

Drūsilla

Sextus

māter Rūfī et Pīsōnis est Agrippīna.

Agrippīna

Sextus et Drūsilla sunt Rōmānī, sed nōn sunt lutulentī. Sextus nōn vult lutulārī. Drūsilla et Pīsō nōn volunt lutulārī. Līvia et Agrippīna nōn volunt lutulārī...

...sed Rūfus vult lutulārī. Rūfus vult esse Rōmānus lutulentus.

Līvia adest. Rūfus est domī cōram Līviā.[2]

nōn decet[3] lutulārī cōram mātre Sextī et Drūsillae!

---

[2] **cōram Līviā** *in front of Livia*
[3] **nōn decet** *it's not decent/OK*

Rūfus vult lutulārī domī, sed Līvia adest! *nōn decet lutulārī cōram Līviā.*

iam, Rūfus vult lutulārī in Palātiō.

IV
Palātium

cotīdiē,
Rūfō placet
esse lutulentum domī.

Rūfus volēbat lutulārī, sed Līvia aderat.[1] *nōn decuit lutulārī cōram Līviā!* Rūfus iam vult lutulārī ubīque Rōmae.

---

[1] **Līvia aderat** *Livia was present/there*

Rūfus iam
est in Palātiō.

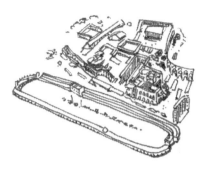

Rūfus est lutulentus.

Rōmanī sunt in Palātiō. Rōmānī
nōn sunt lutulentī.

Rūfus:
"ecce, sum lutulentus! sum Rūfus lutulentus!"

Rōmānī omnēs rīdent. Rōmānī omnēs Rūfum rīdent.

Rōmānī:
"est lutulentus Rōmānus! Rōmānus lutulentus est in Palātiō! fūfae! est diēs Lūnae. aderatne in thermīs[2] diē Sōlis? aderitne in thermīs diē Mārtis?!"

---

[2] **aderatne in thermīs?** *Was he in the baths?*

thermae

est diēs Lūnae. Rūfus nōn iam adfuit[3] in thermīs. Rūfus nōn aderit in thermīs—Rūfō nōn placent thermae!

Rūfus adesse in thermīs nōn vult. Rūfus vult lutulārī, sed nōn in thermīs!

---

[3] **nōn iam adfuit** *has not yet been*

Rūfus vult lutulārī in Palātiō iam, sed Rōmānī adsunt! *nōn decet Rūfō lutulārī in Palātiō!*

Rōmānī nōn sunt lutulentī. omnēs Rōmānī adsunt in thermīs cotīdiē.

Rōmānī adsunt in thermīs diē Lūnae. Rōmānī adsunt in thermīs diē Mārtis.

Rōmānī diēbus Mercuriī et Iovis adsunt in thermīs...

...et diēbus Veneris et Sāturnī et Sōlis adsunt in thermīs!

omnēs Rōmānī adsunt in thermīs diēbus omnibus! Rōmānīs placent thermae. Rōmānīs placet adesse in thermīs cotīdiē!

Rūfō nōn placet adesse in thermīs. Rūfus vult lutulārī in Palātiō, sed Rōmānī adsunt!

iam, Rūfus vult lutulārī in Circō Maximō.

V
Circus Maximus

Rūfus vult lutulārī Rōmae.

Rūfus volēbat
lutulārī domī,
sed Līvia aderat.

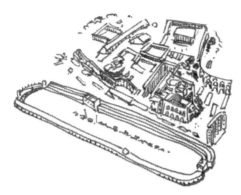

Rūfus volēbat lutulārī in Palātiō, sed Rōmānī aderant.

nōn decuit Rūfō lutulārī cōram mātre Sextī et Drūsillae. nōn decuit lutulārī cōram Rōmānīs in Palātiō.

Rūfus iam est in Circō Maximō.

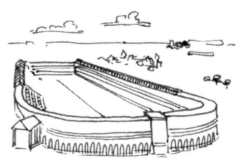

sunt multī Rōmānī in Circō Maximō!

Rūfus est lutulentus.

Rūfus:
"ecce, sum Rūfus lutulentus!"

multī Rōmānī rīdent. multī Rōmānī Rūfum rīdent.

multī Rōmānī:

"est lutulentus Rōmānus! Rōmānus lutulentus in Circō Maximō est! eratne Rōmānus in Cloācā Maximā?! fūfae!"

Cloāca Maxima

Rūfus vult lutulārī in Circō Maximō, sed multī Rōmānī adsunt! *nōn decet lutulārī cōram multīs Rōmānīs in Circō Maximō!*

ecce, Sextus!

Sextus in Circō Maximō est. Sextus lutulentus nōn est. Sextus rīdet.

Sextus:
"Rūfe, es lutulentus! erāsne in Cloācā Maximā?!"

Rūfus:
"nōn eram in Cloācā Maximā! fūfae!"

Sextus:
"sumus in Circō Maximō. nōn decet lutulārī in Circō Maximō. omnēs Rōmānī rīdent!"

Rūfus:
"sed Sexte...volō lutulārī!"

Sextus:
"Rūfe, vīs lutulārī... in... in Circō Maximō?!"

Rūfus:
"volō   lutulārī   ubīque
Rōmae! decetne lutulārī
in Forō? decetne lutulārī
in Templō Panthēō?"

Sextus:
"Rūfe, lutulārī in Templō
Panthēō?! nefās!"

Rūfus vult lutulārī ubīque Rōmae.

iam, Rūfus vult lutulārī in Forō
Rōmānō.

VI
Forum Rōmānum

Rūfus volēbat lutulārī ubīque.

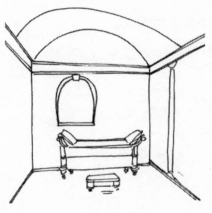

Rūfus volēbat
lutulārī domī,
sed Līvia aderat.

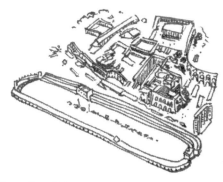

Rūfus volēbat lutulārī in Palātiō, sed Rōmānī aderant.

Rūfus volēbat lutulārī in Circō Maximō, sed multī Rōmānī aderant.

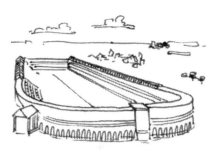

nōn decuit lutulārī cōram Līviā. nōn decuit lutulārī in Palātiō. nōn decuit lutulārī cōram multīs Rōmānīs in Circō Maximō!

Rūfus iam est in Forō Rōmānō, et multī Rōmānī adsunt!

ecce, Pīsō!

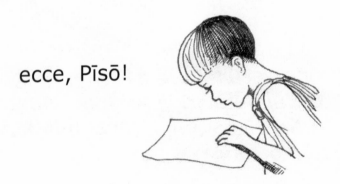

"Rūfe, ecce, Rōmānī! sumus in Forō. omnēs Rōmānī lutulentī nōn sunt. nōn decet lutulārī in Forō. nōn decet lutulārī cōram multīs Rōmānīs!"

Rūfus:
"sed Pīsō...lutulentus sum cotīdiē! volō lutulārī ubīque Rōmae! volō lutulārī! lutulāāāārīīīī volōōōōōōō!"

Pīsō:
"erāsne...erāsne in Cloācā Maximā? Rōmānī nōn sunt in Cloācā Maximā. decet lutulārī in Cloācā Maximā."

Rūfus:
"in Cloācā Maximā?! nōn eram in Cloācā Maximā! fūfae!"

Pīsō rīdet.

Rūfus:
"volēbam lutulārī domī, sed Līvia aderat domī!"

Pīsō:
"erās domī, sed Līvia—māter Sextī et Drūsillae—aderat domī?! estne Līvia domī iam?"

iam, Rūfus vult lutulārī domī.

VII
lutulentus domī

Rūfus et Pīsō et māter, Agrippīna, sunt domī.

Rūfus iam est lutulentus.

Agrippīna:
"Rūfe, nōn decet lutulārī iam! sumus cōram mātre Rōmānā! Līvia adest!"

ecce, Līvia!

Līvia iam adest.[1] Rūfus iam est cōram mātre Sextī et Drūsillae!

---

[1] **iam adest** *is still here*

Rūfus:
"Pīsō, volō lutulārī, sed Līvia adest!"

Pīsō:

"nōn decet lutulārī cōram Līviā. Rūfe, vīs lutulārī...sed...
sed erāsne ubīque Rōmae?"

Rūfus:
"ubīque eram."

Pīsō:
"sed, erāsne...erāsne in Palātiō?"

Rūfus:

"eram in Palātiō, sed Rōmānī aderant. omnēs Rōmānī rīdēbant. volō esse in Templō Panthēō. volō lutulāāāārī in Panthēēēēō!"

Pīsō:

"Rūfe, nefās! est nefās lutulārī in Panthēō! in Panthēō sunt multī Rōmānī! aderāsne...aderāsne in thermīs? omnēs Rōmānī lutulentī adsunt in thermīs cotīdiē. decet lutulārī in thermīs."

Rūfus:

"nōn aderam in thermīs, sed thermae nōn placent."[2]

---

[2] **thermae nōn placent** *the baths are not pleasing (i.e. I don't like the baths)*

Pīsō:
"adsum in thermīs cotīdiē. thermae placent!"

Rūfus:
"thermae nōn placent. multī Rōmānī iam sunt lutulentī[3] in thermīs! volō lutulārī Rōmae, sed nōn in thermīs."

Pīsō rīdet.

---

[3] **iam sunt lutulentī** *are already muddy*

Pīsō:

"nōn aderās in thermīs, et nōn aderis in thermīs, sed vīs lutulārī. erāsne...erasne...erāsne in lūdō gladiātōrum?!"[4]

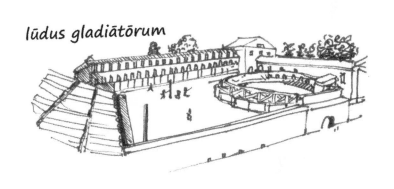

lūdus gladiātōrum

Rūfus:

"in lūdō gladiātōrum?! nōn eram in lūdō gladiātōrum! volō lutulārī in lūdō gladiātōrum. lutulārī volō iam! lutulāāāārīīīī volōōōōōōō!"

---

[4] **in lūdō gladiātōrum** *in the gladiator school*

VIII
thermae

Rūfus volēbat lutulārī ubīque Rōmae, sed multī Rōmānī aderant.

Rōmānī nōn sunt lutulentī. Rōmānīs nōn placet lutulārī. Rōmānīs placent thermae.

omnēs Rōmānī adsunt in thermīs cotīdiē. Rōmānīs omnibus placet adesse in thermīs.

Pīsōnī placet adesse in thermīs. Sextō et Drūsillae placet adesse in thermīs. Līviae placet adesse in thermīs...

...et mātrī, Agrippīnae, placet adesse in thermīs.

Rūfō nōn placet adesse in thermīs.
Rūfō placet esse lutulentum.

iam, Rūfus vult lutulārī in lūdō gladiātōrum.

IX
lūdus gladiātōrum

Rūfus volēbat lutulārī, sed Rōmānī aderant ubīque! *nōn decet Rūfō lutulārī cōram Rōmānīs.*

Rūfus volēbat lutulārī domī, et in Palātiō...

...et in Circō Maximō, et in Forō Rōmānō...

...sed nōn in thermīs. Rūfō nōn placent thermae.

Rūfus volēbat lutulārī ubīque, sed Rūfus nōn volēbat lutulārī in Cloācā Maximā. fūfae!

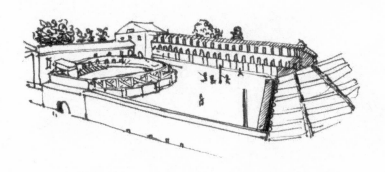

Rūfus iam est in lūdō gladiātōrum.

Rūfus est lutulentus.

ecce, gladiātōrēs!

gladiātōrēs sunt...

...lutulentī sunt!

gladiātōrēs nōn rīdent. gladiātōrēs Rūfum nōn rīdent.

sunt multī gladiātōrēs in lūdō gladiātōrum. gladiātōrēs omnēs lutulentī sunt. multī gladiātōrēs lutulentī nōn rīdent Rūfum.

Rūfō placent gladiātōrēs, et Rūfō placet esse lutulentum. *decet esse lutulentum in lūdō gladiātōrum!*

gladiātōrēs omnēs sunt lutulentī cotīdiē. gladiātōrēs omnēs adsunt in thermīs cotīdiē. gladiātōribus et Rōmānīs placent thermae.

decet et[1] lutulārī et adesse in thermīs cotīdiē!

---

[1] **et...et...** *both...and...*

iam, Rūfus vult adesse in thermīs, sed Rūfō placet esse lutulentum. est diēs Lūnae. Rūfus aderit in thermīs diē Mārtis.

Rūfus:
"decetne lutulārī in lūdīs omnibus?"[2]

Rūfus rīdet.

---

[2] **in lūdīs omnibus** *in all schools*

Index Verbōrum

A

aderam *I was present*
    nōn aderam *I wasn't there*
aderant *were present*
    Rōmānī aderant *Romans were there*
aderās *you were present*
    nōn aderās *you weren't there*
aderāsne? *were you present?*
    aderāsne in thermīs? *Were you present in the baths?*
aderat *was present*
    Līvia aderat *Livia was there*
aderatne? *was present?*
    aderatne Rōmānus? *Was the Roman there?*
aderis *you will be present*
    nōn aderis *you won't be there*
aderit *will be present*
    nōn aderit *he won't be there*
aderitne? *will be present?*
    aderitne in thermīs? *Will he be present in the baths?*
adesse *to be present*
    adesse in thermīs *to be present in the baths*
adest *is present*
    Līvia adest *Livia is here*
    iam adest *is still here*
adfuit *has been present*
    nōn iam adfuit *has not yet been present*
adsum *I am present*
    adsum in thermīs *I'm present in the baths*
adsunt *are present*
    Rōmānī adsunt *Romans are here*
    adsunt in thermīs *are present in the baths*
Agrippīna *mother of Rufus and Piso*
  Agrippīnae *Agrippina*
    Agrippīnae placet *Agrippina likes*
Amphitheātrō Flāviō *Flavian Amphitheater (the Colosseum)*
  in Amphitheātrō Flāviō *in the Colosseum*

C, D

Circō Maximō *Circus Maximus, chariot-racing stadium*
  in Circō Maximō *in the Circus Maximus*
  Circus Maximus *Circus Maximus*
Cloācā Maximā *Cloaca Maxima, Rome's sewer*
  in Cloācā Maximā *in Rome's sewer*
cōram *in presence of*
  cōram Līviā *in front of Livia*
  cōram mātre *in front of the mother*
  cōram Rōmānīs *in front of Romans*
cotīdiē *every day*
decet *decent, proper, OK*
  nōn decet *it's not decent*
  nōn decet Rūfō *it's not OK for Rufus*
  decetne *is it proper? OK?*
  decetne lutulārī *Is it OK to be covered in mud?*
  decuit *it was proper*
  nōn decuit *it wasn't proper*
  nōn decuit Rūfō *it wasn't OK for Rufus*
diē *day*
  diē Lūnae *on the day of the Moon (Monday)*
  diē Mārtis *on the day of Mars (Tuesday)*
  diē Sōlis *on the day of the Sun (Sunday)*
  diēbus *days*
  diēbus *on the days*
  diēbus omnibus *on all days*
  diēs *day*
  diēs Lūnae *day of the Moon (Monday)*
  diēs Mārtis *day of Mars (Tuesday)*
  diēs Mercuriī *day of Mercury (Wednesday)*
  diēs Iovis *day of Jove/Jupiter (Thursday)*
  diēs Sāturnī *day of Saturn (Saturday)*
  diēs Veneris *day of Venus (Friday)*
domī *at home*
Drūsillae *Drusilla, Livia's daughter*
  māter Drūsillae *mother of Drusilla*
  Drūsillae placet *Drusilla likes*

E, F, G, I

ecce *Look (Behold)!*

eram *I was*
   nōn eram *I wasn't*
   eram ubīque *I was everywhere*
   eram in Palātiō *I was on the Palatine*
   erās *you were*
      erās domī *you were at home*
   erāsne? *were you*
      erāsne in Cloācā Maximā? *Were you in the sewer?*
      erāsne in Palātiō? *Were you on the Palatine?*
es *you are*
   es lutulentus *you are muddy*
   esse *to be*
      placet esse *likes to be, likes being*
      vult esse *wants to be*
   est *is, there is*
      est Rōmānus *is a Roman*
      est Rōmae *is in Rome*
      est nefās *it's unspeakable*
      est domī *is home*
      est lutulentus Rōmānus *there is a muddy Roman*
   estne? *is?*
      estne domī? *Is she home?*
et *and*
Forō Rōmānō *Forum, Rome's marketplace*
   in Forō Rōmānō *in the Roman Forum*
   Forum Rōmānum *Forum*
fūfae! *Gross!*
gladiātōrēs *gladiators*
   gladiātōrēs lutulentī *muddy gladiators*
   gladiātōrēs nōn rīdent *gladiators aren't laughing*
   multī gladiātōrēs *many gladiators*
   gladiātōrēs omnēs *all gladiators*
   gladiātōribus *gladiators*
      gladiātōribus placent thermae *gladiators like the baths*
iam *now, yet, still, already*
   iam est domī *is home now*
   nōn iam adfuit *has not yet been*
   iam adest *is still here*

iam sunt lutulentī *are already muddy*
in *in, on*

L, M, N

Līvia *Livia, Agrippina's friend*
    Līviā *Livia*
        cōram Līviā *in front of Livia*
    Līviae *Livia*
        Līviae placet *Livia likes*
lūdō *school*
    in lūdō gladiātōrum *in the gladiator school*
    lūdīs *schools*
        in lūdīs omnibus *in all schools*
lutulārī *to be covered in mud*
    vult lutulārī *wants to be covered in mud*
    volō lutulārī *I want to be covered in mud*
    volēbam lutulārī *I wanted to be covered in mud*
    vīs lutulārī *you want to be covered in mud*
lutulentī *muddy (more than one)*
    nōn sunt lutulentī *aren't muddy*
    Rōmānī lutulentī *muddy Romans*
    iam sunt lutulentī *are already muddy*
    gladiātōrēs lutulentī *muddy gladiators*
    lutulentum *muddy*
        esse lutulentum *to be muddy, being muddy*
        Rōmānum lutulentum *muddy Roman*
    lutulentus *muddy*
        est lutulentus *is muddy*
        Rōmānus lutulentus *a muddy Roman*
        es lutulentus *you are muddy*
māter *mother*
    māter Rōmāna *Roman mother*
    māter Rūfī *mother of Rufus*
    māter Sextī et Drūsillae *mother of Sextus and Drusilla*
    māter Pīsōnis *mother of Piso*
    mātre *mother*
        cōram mātre *in front of the mother*
    mātrī *mother*
        mātrī placet *mother likes*

multī *many*

    multī Rōmānī *many Romans*

    multī gladiātōrēs *many gladiators*

  multīs *many*

    cōram multīs Rōmānīs *in front of many Romans*

nefās! *Unspeakable!*

    est nefās *it's unspeakable*

nōn *not, does not*

O, P

omnēs *every, all*

    Rōmānī omnēs *every Roman*

    gladiātōrēs omnēs *all gladiators*

  omnibus *all*

    diēbus omnibus *on all days*

    Rōmānīs omnibus placet *all Romans like*

    in lūdīs omnibus *in all schools*

Palātiō *Palatine, oldest of seven famous Roman hills*

    in Palātiō *on the Palatine*

  Palātium *Palatine*

Pīsō *Piso, Rūfus' brother*

  Pīsōnis *Piso*

    māter Pīsōnis *mother of Piso*

placent *likes (more than one thing)*

    nōn placent *are not pleasing (i.e. I don't like)*

    placent gladiātōrēs *likes gladiators*

  placet *likes, like*

    placet esse *likes to be, likes being*

    placet adesse *like to be present*

R, S

rīdēbant *(more than one) were laughing*

    omnēs rīdēbant *everyone was laughing*

  rīdent *(more than one) laugh, laugh at*

    omnēs rīdent *everyone is laughing*

    Rūfum rīdent *laugh at Rufus*

  rīdet *laughs*

    Sextus rīdet *Sextus laughs*

    Pīsō rīdet *Piso laughs*

Rūfus rīdet *Rufus laughs*

Rōmae *in Rome*
    est Rōmae *is in Rome*
    ubīque Rōmae *everywhere in Rome*

Rōmāna *Roman*
    māter Rōmāna *Roman mother*

  Rōmānī *Romans*
    Rōmānī omnēs *every Roman*
    Rōmānī adsunt *Romans are here*
    Rōmānī aderant *Romans were there*
    multī Rōmānī *many Romans*
    Rōmānī lutulentī *muddy Romans*

  Rōmānīs *Romans*
    cōram Rōmānīs *in front of Romans*
    Rōmānīs placent thermae *Romans like the baths*
    Rōmānīs placet adesse *Romans like to be present*
    Rōmānīs omnibus placet *all Romans like*

  Rōmānum *Roman*
    Rōmānum lutulentum *muddy Roman*

  Rōmānus *Roman*
    est Rōmānus *is a Roman*
    est lutulentus Rōmānus *there is a muddy Roman*

Rūfe *Rufus, our Roman boy*
    "Rūfe,..." *"O Rufus,..."*

  Rūfī *Rufus*
    māter Rūfī *mother of Rufus*

  Rūfō *Rufus*
    Rūfō placet *Rufus likes*
    nōn decuit Rūfō *it wasn't OK for Rufus*
    Rūfō placent *Rufus likes (more than one thing)*

  Rūfum *Rufus*
    Rūfum rīdent *laugh at Rufus*

  Rūfus *Rufus*
    ecce, Rūfus! *Look (Behold), Rufus!*
    sum Rūfus lutulentus! *I'm muddy Rufus!*

sed *but*

Sexte *Sextus, Livia's son*
    "Sexte,..." *"O Sextus,..."*

  Sextī *Sextus*
    māter Sextī *mother of Sextus*

Sextō *Sextus*
    Sextō nōn placet *Sextus doesn't like*
Sextus *Sextus*
sum *I am*
    sum lutulentus *I'm muddy*
  sumus *we are*
    sumus in Circō Maximō *we're in the Circus Maximus*
    sumus in Forō *we're in the Forum Romanum*
    sumus cōram Rōmānā *we're in front of a Roman*
  sunt *(more than one) are, there are*
    sunt in Palātiō *are on the Palatine*
    nōn sunt lutulentī *aren't muddy*
    sunt multī Rōmānī *there are many Romans*
    sunt domī *are at home*
    iam sunt lutulentī *are already muddy*

T, U, V

Templō Panthēō *Pantheon, domed temple with opening to the sky*
    in Templō Panthēō *in the Pantheon*
thermae *Roman public baths*
    nōn placent thermae *doesn't like the baths*
    thermae placent *baths are pleasing (i.e. I like the baths)*
  thermīs *Roman public baths*
    in thermīs *in the baths*
ubīque *everywhere*
vīs *you want*
    vīs lutulārī *you want to be covered in mud*
volēbam *I wanted*
    volēbam lutulārī *I wanted to be covered in mud*
  volēbat *wanted*
    volēbat lutulārī *wanted to be covered in mud*
  volō *I want*
    volō lutulārī *I want to be covered in mud*
    volō esse *I want to be*
  volunt *(more than one) want*
    nōn volunt lutulārī *don't want to be covered in mud*
vult *wants*
    vult lutulārī *wants to be covered in mud*
    vult esse *wants to be*
    adesse nōn vult *doesn't want to be present*

Pisoverse Novellas & Resources

RŪFUS LUTULENTUS

A LATIN NOVELLA
BY LANCE PIANTAGGINI

Rūfus lutulentus
(20 words)

Was there a time when you or your younger siblings went through some kind of gross phase? Rufus is a Roman boy who likes to be muddy. He wants to be covered in mud everywhere in Rome, but quickly learns from Romans who bathe daily that it's not OK to do so in public. Can Rufus find a way to be muddy?

RŪFUS LUTULENTUS

Teacher's Materials
&
Expanded Readings (ExR)

Rūfus Teacher's Materials

There is one section of Grammar Topics found in the entire novella (organized according to NLE syllabi). Each chapter includes a Vocabulary section with Phrases/Structures, New Words & New Forms, Possible Discussion Questions, 2 illustrated Expanded Readings (ExR) from Rūfus et Lūcia: līberī lutulentī, 10 Sentences for Dictātiō (standard, Running, or Egg), 2 Word Clouds, 2 Storyboards (Storyboard Dictation, and Read & Draw), as well as a Glossary.

RŪFUS ET LŪCIA
LĪBERĪ LUTULENTĪ

18 ADDITIONAL STORIES BASED ON
RŪFUS LUTULENTUS
BY LANCE PIANTAGGINI

Rūfus et Lūcia: līberī lutulentī
(25-70 words)

Lucia, of Arianne Belzer's Lūcia: puella mala, joins Rufus in this collection of 18 additional stories. This muddy duo has fun in the second of each chapter expansion. Use to provide more exposure to words from the novella, or as a Free Voluntary Reading (FVR) option for all students, independent from Rūfus lutulentus.

Pīsō perturbātus

Pīsō perturbātus
(36 words)

Piso minds his Ps and Qs..(and Cs...and Ns and Os) in this alliterative tongue-twisting tale touching upon the Roman concepts of ōtium and negōtium. Before Piso becomes a little poet, early signs of an old curmudgeon can be seen.

DRŪSILLA IN SUBŪRĀ

Drūsilla in Subūrā
(38 words)

Drusilla is a Roman girl who loves to eat, but doesn't know how precious her favorite foods are. In this tale featuring all kinds of Romans living within, and beyond their means, will Drusilla discover how fortunate she is?

RŪFUS ET ARMA ĀTRA

Rūfus et arma ātra
(40 words)

Rufus is a Roman boy who excitedly awaits an upcoming fight featuring the best gladiator, Crixaflamma. After a victorious gladiatorial combat in the Flavian Amphitheater (i.e. Colosseum), Crixaflamma's weapons suddenly go missing! Can Rufus help find the missing weapons?

Rūfus Audiobook

(on iTunes, Amazon, and pisoverse.bandcamp.com)
Use the Audiobook for practical classroom listening activities (e.g. dictations, listen & draw, listen & discuss, etc.), for exposure to a different Latin speaker (which also means a break for YOU), and of course, pure entertainment! This is not just audio. There are pauses and sound effects to aid comprehension, drum sounds during page turns, and intro/outro music for ambiance.

Rūfus Teacher's Materials

There is one section of Grammar Topics found in the entire novella (organized according to NLE syllabi). Each chapter includes Phrases/Structures, Possible Discussion Questions, 4 illustrated Expanded Readings (ExR) from Rūfus et gladiātōrēs, 10 Sentences for Dictātiō (standard, Running, or Egg) and 3 Word Clouds, as well as a Glossary.

Teacher's Materials
&
Expanded Readings (ExR)

Rūfus et gladiātōrēs (49-104 words)

This collection of 28 stories adds details to characters and events from Rūfus et arma ātra, as well as additional, new cultural information about Rome, and gladiators. Use to provide more exposure to words from the novella, or as a Free Voluntary Reading (FVR) option for all students, independent from Rūfus et arma ātra.

A LATIN NOVELLA BY LANCE PIANTAGGINI

Drūsilla et convīvium magārum
(58 words)

Drusilla lives next to Piso. Like many Romans, she likes to eat, especially peacocks! As the Roman army returns, she awaits a big dinner party celebrating the return of her father, Julius. One day, however, she sees a suspicious figure give something to her brother. Who was it? Is her brother in danger? Is she in danger?

A LATIN NOVELLA BY LANCE PIANTAGGINI

Agrippīna: māter fortis
(65 words)

Agrippīna is the mother of Rūfus and Pīsō. She wears dresses and prepares dinner like other Roman mothers, but she has a secret—she is strong, likes wearing armor, and can fight just like her husband! Can she keep this secret from her family and friends?

Learning Latin via Agrippina
(on pisoverse.bandcamp.com)

Over 1500 Latin messages on this album! Each chapter includes a) English meaning is given after sentences are read aloud, and then additional questions and statements are made to increase exposure to words/phrases in the chapter, often doubling or tripling the input, b) 10% slower speed, with longer pauses between utterances to allow for processing, and c) a comfortable speaking speed with shorter pauses between utterances.

Learning Latin via

AGRIPPĪNA MĀTER FORTIS

A LATIN NOVELLA BY LANCE PIANTAGGINI

Agrippīna Teacher's Materials

Each chapter includes a section for Grammar/Culture Topics (organized according to NLE syllabi), Phrases/Structures, New Words & New Forms, Possible Discussion Questions, Choose-Your-Own-Level Readings from the parallel novella Livia: mater eloquens, an Activities section including 10 Sentences for Dictatio (standard, Running, or Egg) and 3 Word Clouds, as well as a Glossary.

Līvia: māter ēloquens
(44-86 words)

Livia is the mother of Drusilla and Sextus. She wears dresses and prepares dinner like other Roman mothers, but she has a secret—she is well-spoken, likes wearing togas, and practices public speaking just like her brother, Gaius! Can she keep this secret from her family and friends? Livia: mater eloquens includes 3 versions under one cover. The first level, (Alpha), is simpler than Agrippina: mater fortis; the second level, (Beta) is the same level, and the third, (Gamma-Delta) is more complex.

fragmenta Pīsōnis
(96 words)

This collection of poetry is inspired by scenes and characters from the Pisoverse, and features 50 new lines of poetry in dactylic hexameter, hendecyllables, and scazon (i.e. limping iambics)! fragmenta Pīsōnis can be used as a transition to the Piso Ille Poetulus novella, or as additional reading for students comfortable with poetry having read the novella already.

PĪSŌ ILLE POĒTULUS

A LATIN NOVELLA
BY LANCE PIANTAGGINI

Pīsō Ille Poētulus
(108 words)

Piso is a Roman boy who wants to be a great poet like Virgil. His family, however, wants him to be a soldier like his father. Can Piso convince his family that poetry is a worthwhile profession? Features 22 original, new lines of dactylic hexameter.

Poetry Audio Album

(on iTunes, Amazon, and pisoverse.bandcamp.com)

PĪSŌ ILLE POĒTULUS

Poetry
Album

A LATIN NOVELLA
BY LANCE PIANTAGGINI

*Each track on the audio album includes **a)** Piso singing his line of poetry, **b)** an English translation to [re]establish meaning, **c)** the line of poetry repeated to check comprehension, **d)** a slow version of just the rhythm **d)** the normal speed of just the rhythm, and **e)** the line of poetry repeated one last time*

Pīsō Teacher's Guide

PĪSŌ ILLE POĒTULUS

A LATIN NOVELLA
BY LANCE PIANTAGGINI

Teacher's Guide

Each chapter includes a Chapter Notes section for Grammar/Culture Topics (organized according to NLE syllabi), comprehension Questions (& responses) in Latin and English, the Poetry rhythms demystified, Phrases/Structures, Thematic Vocabulary, a list of TPRable words, 4 Illustrated Tiered Readings, 10 Sentences for Dictatio (standard, Running, or Egg), One Word At a Time Stories (OWATS), 3 Word Clouds, Who Would/Wouldn't say...? sentences, and a Poetry Practice worksheet (with an Answer Key).

Student Workbook

Compiled from the Teacher's Guide, these workbooks allow each student to have their own 92-page resource for interacting with the text.

...and more!
(see magisterp.com for the latest novellas)

26265334R00045

Made in the USA
Columbia, SC
07 September 2018